L'ART
DE JUGER DU CARACTÈRE
DES HOMMES
SUR LEUR ÉCRITURE,

Avec vingt-quatre Planches, représentant les Écritures de diverses Personnes célèbres, gravées d'après les originaux autographes.

PAR M. ***.

PARIS,

Chez SAINTIN, Libraire, rue de l'Éperon, n° 6.

1812.

On trouve chez le même Libraire :

Le *Lavater portatif*, ou Précis de l'Art de connaître les hommes par les traits du visage, troisième édition ; 1 vol. in-16, avec 32 planches coloriées, et le portrait de Lavater. Prix, 3 fr.

Le *Lavater des Dames*, ou l'Art de connaître les femmes sur leur physionomie, suivi d'un Essai sur les moyens de procréer des enfans d'esprit ; 1 vol. in-16, avec 30 planches coloriées, 4e édition, corrigée et considérablement augmentée. Prix, 3 fr.

La *Mimique*, ou l'Art de connaître les hommes [illegible] attitudes, leurs gestes et leur démarche ; [illegible] in-16, avec 32 planches coloriées. Prix, 3 fr.

De l'Imprimerie de Mme Ve COURCIER, quai des Augustins, n° 57.

INTRODUCTION.

RIEN n'est si difficile que de connaître l'homme ; comment pénétrer dans sa pensée, comment reconnaître ce qui, n'ayant aucune existence matérielle, ne peut frapper nos sens. Cependant nous communiquons nos idées, et la parole qui en est le moyen merveilleux, a paru d'une invention si difficile, que de grands Philosophes ne pouvant l'expliquer, l'ont regardée comme un don de la Divinité ; mais la parole n'est pas le seul moyen par lequel l'homme puisse manifester sa pensée. Les différens mouvemens qu'il exécute, connus sous le nom de *geste*, pris dans le sens le plus étendu, constituent ce qu'on appelle *le langage d'action*.

Lorsque nous parlons, c'est presque toujours sous l'influence de la volonté. Il n'en est pas de même du geste, qui est souvent involontaire. C'est pourquoi il est plus facile de tromper par la parole; tandis que le geste qui nous échappe, porte l'empreinte de la vérité. Le langage des passions consiste principalement dans les mouvemens qui accompagnent la parole. C'est dans le geste que le plus grand des Orateurs faisoit consister l'éloquence. Un regard est plus expressif que le plus heureux choix des mots. Qui pourroit persuader qu'il aime, ou qu'il hait, si le trouble de son ame ne se peignoit dans ses yeux, dans le jeu de sa physionomie, et dans les mouvemens qui l'agitent.

Comme le toucher détruit les illusions des autres sens, le geste souvent redresse le sens des paroles. Au sourire amer on reconnoît l'ironie; et l'incertitude du regard trahit la timidité qui se cache sous des paroles menaçantes. Les divers signes de nos pensées sont d'autant plus vrais, qu'ils seront plus difficiles à reproduire: ainsi, le ton est plus difficile à imiter que le choix des mots, et le geste plus difficile encore. Ce qui donne une grande supériorité au geste sous le rapport qui nous occupe, c'est la nécessité d'une harmonie parfaite dans tous les mouvemens de la physionomie; si un seul trait n'est pas d'accord avec le mouvement des autres, la feinte est décelée. C'est en vain que les lèvres se meuvent comme dans l'expression de la joie, si les yeux ne brillent d'un nouvel éclat; si le front ne s'épanouit et n'efface les soucis qui le rident. Comme chaque trait a son langage, puisqu'il a des mouvemens qui lui sont propres, quel exercice ne faut-il pas pour donner à tous la même expression lorsqu'elle n'est pas dictée par le sentiment. Si donc il est si difficile de feindre lorsqu'aucune passion ne nous agite, quel empire ne devons-nous pas exercer sur nous-mêmes, pour réprimer les mouvemens qui sont prêts à éclater, et donner à nos traits des mouvemens contraires à ceux des passions qui nous dominent. Ajoutons qu'il en est quelques-uns qui étant entièrement hors du domaine de la volonté, ne sont nullement du ressort de l'imitation.

Ainsi, pour un observateur attentif, qui sait saisir ces diverses nuances, il est difficile d'en imposer lorsqu'on veut feindre des sentimens qu'on n'éprouve point. Mais l'homme n'a pas toujours l'intention de feindre, ni d'exprimer ses sentimens ; cependant ses actions, même les plus indifférentes, étant nécessairement modifiées par son caractère, peuvent, sous certains rapports, servir à le juger. L'homme, lorsqu'il agit sans contrainte, peut-il ne pas manifester sa vivacité ou sa lenteur, son impétuosité ou sa retenue, sa rudesse ou sa douceur, sa dexterité ou sa maladresse? En général, celui qui sacrifie aux grâces, le manifeste dans tous ses mouvemens. Un original ne fait rien comme un autre, et ses mouvemens doivent porter une empreinte particulière. Voilà les principales modifications qu'on peut en général remarquer dans les mouvemens de l'homme, et qui indiquent des traits saillans dans son caractère.

Mais il en est d'autres qu'on peut tirer de la continuité ou de la répétition d'une action. A-t-elle une certaine durée, ou se répète-t-elle souvent? on voit l'homme qui a peu de persévérance, ne pas se soutenir jusqu'à la fin, c'est là toujours son défaut ; l'inconstant varier dans les formes ; le capricieux faire des écarts. Y a-t-il des spectateurs? l'homme vain affecte de se distinguer, et l'homme simple agit comme s'il n'était pas observé.

On voit donc comment un observateur attentif, et doué de sagacité, peut apprécier plusieurs traits du caractère d'un homme, d'après les mouvemens qu'il exécute, et qui paroissent les plus indifférens. On voit également, en appliquant ces considérations générales à l'action d'un homme qui écrit, qu'elle doit fournir toutes les données que nous venons d'indiquer, et si l'on considère qu'elle suit les mouvemens de l'ame et de la pensée, elle doit porter l'empreinte des passions, et avoir des rapports avec les facultés intellectuelles.

L'ART DE JUGER

DU CARACTÈRE DES HOMMES,

PAR L'ÉCRITURE.

LORSQU'ON écrit mal et avec difficulté, la main ne suit plus le mouvement de la pensée, et les rapports que nous avons indiqués ne subsistent plus; mais on reconnoît que le défaut d'éducation en est la cause. Une main peu exercée, mais dont l'éducation n'a pas été négligée, le laisse apercevoir par l'effort qu'elle fait pour écrire d'une manière médiocre. C'est ainsi qu'on distingue dans le monde, et celui qui manque d'éducation, et celui qui manque d'usage. Une belle écriture, au contraire, est souvent l'effet d'une éducation particulière ; alors elle est en rapport avec l'état qu'on exerce, et elle en porte ordinairement l'empreinte. Ne reconnoît-on pas l'écriture d'un négociant, et ne distingueroit-on pas celle de plusieurs autres états, où une écriture soignée est un talent nécessaire. Mais là, où tant d'art se déploie, le naturel perce difficilement. Ce n'est pas qu'un œil exercé ne puisse y distinguer plusieurs nuances en rapport avec certains traits du caractère ; mais dans les considérations suivantes, nous ne parlerons que des écritures où l'éducation n'a fait ni trop, ni trop peu, qui peuvent être regardées pour ainsi dire comme naturelles.

En général, on reconnoît facilement la différence de l'écriture des deux sexes.

S'il étoit dans les convenances sociales, que les femmes eussent une écriture particulière, si l'on offroit à leur imitation, des modèles différens de ceux qui servent à former l'écriture des hommes, on pourroit regarder cette différence comme indépendante du caractère qui distingue les deux sexes. Mais ils suivent les mêmes modèles, les mêmes principes et les mêmes maîtres. Il est vrai qu'on exerce moins les femmes, qu'on n'exige point d'elles la même perfection; mais quelle que soit la différence qui puisse en résulter, elle ne caractérise pas les deux genres d'écriture. Le défaut d'exercice et de soin peut se trouver dans l'écriture de l'homme, mais on reconnoît quelque chose de mâle dans la main qui l'a tracée. Lorsqu'une femme écrit bien et avec facilité, n'y a-t-il pas de même quelques traits qui la décèlent? Ce n'est pas qu'on ne puisse s'y tromper quelquefois; mais il en est de même de sa physiononrie; un caractère propre la distingue, quoique dans certains cas elle puisse nous induire en erreur.

Qui se laisse arrêter par quelques exceptions, ou ne jugera de rien, ou se trompera plus souvent que celui qui suit des règles générales. Ne voit-on pas moins de force, de fermeté et de hardiesse dans l'écriture d'une femme? ce n'est pas qu'il faille posséder ces qualités à un haut degré, pour tracer des caractères qui les représentent. Les femmes pourroient écrire autrement, mais elles n'y sont pas naturellement portées. Douées de moins de force, elles la déploient moins; leurs mains légères appuient peu sur le papier; accoutumées à s'observer, réservées dans tous leurs mouvemens, leur plume ne s'égare pas comme celle des hommes. A cette retenue se joint une délicatesse dans les formes des lettres, et une grâce dans les traits qui est parfaitement en rapport avec leur goût.

Toutes les nations se distinguent entr'elles par une physionomie qui leur est particulière. On les reconnoît à leurs traits, à leur air, à leur langage. Tout porte l'empreinte du caractère national; c'est ce qu'on remarque également dans le geste et dans l'écriture. Le choix de la forme des lettres peut être l'effet du hasard; elle peut-être empruntée aux autres nations, mais elle est toujours modifiée par le peuple qui l'a adoptée. C'est le génie de la nation qui produit cette modification. La plupart des nations policées de l'Europe ont adopté la même forme de lettres, mais l'écriture de chacune d'elles a un caractère particulier. On distingue aussi facilement un Italien, un Français, un Anglais, par son écriture, que par les traits de sa figure. Je me bornerai à une seule observation sur le caractère des écritures nationales. Celle des Italiens est remarquable par une délicatesse et une souplesse particulières; ne sont-ce pas les traits les plus prononcés du génie de la nation?

La ressemblance que l'on remarque souvent entre les membres d'une même famille se retrouve de même dans leur écriture; elle est moins frappante, parce que la figure, l'air, la voix, le langage, les menières présentent un plus grand nombre de rapports, mais elle n'en est pas moins réelle. On seroit peut-être tenté de l'attribuer à ce qu'ils ont reçu la même éducation, à l'habitude de suivre les mêmes modèles, d'écrire souvent ensemble et de s'imiter réciproquement : mais en accordant une certaine influence à l'éducation qui doit porter principalement sur la forme des lettres et sur ce qu'on peut appeler la partie matérielle ou mécanique de l'écriture, il restera toujours des modifications dépendantes des mouvemens des traits, et qui appartiennent au caractère moral. L'éducation ne doit donc que renforcer cette ressemblance et non pas la causer. Aussi y a-t-il des personnes d'une même famille, qui ont été élevées ensemble, dont on distingue à peine l'écriture ; et il y en a qui, éloignées l'une de l'autre, ont reçu une éducation différente, et qui présentent dans leur écriture une ressemblance frappante.

De toutes les actions de l'homme, il n'y en a point qui porte plus l'empreinte de l'individu que sa manière d'écrire. Les peintres et les sculpteurs ont leur touche particulière à laquelle on les reconnoît ; mais pour reconnoître un artiste par ses productions, il faut qu'une assez longue étude ait perfectionné le goût et exercé le tact. Mais quel art ou quel exercice faut-il pour reconnoître la main de celui dont on a vu quelquefois l'écriture. Celle-ci représente tellement l'individu, que la législation de tous les peuples a ajouté plus d'importance à sa signature qu'au témoignage d'une multitude de personnes.

L'âge qui modifie si puissamment notre existence, qui influe sur tous nos mouvemens, doit nécessairement imprimer un caractère particulier à l'écriture. Elle ne se fixe qu'à l'époque où le caractère se forme; elle acquiert ensuite la hardiesse, et la force de l'âge viril, et la main vacillante de la vieillesse différente de celle de l'enfance, marque les ravages du tems. Une maladie peut, durant la vigueur de l'âge, rendre la main tremblante; mais si elle ne porte pas son influence sur les facultés intellectuelles et morales, l'énergie dont elles jouissent se laisse reconnoître malgré le contour mal assuré des lettres.

Tout ce qui n'est pas régulier offense les yeux d'un homme doué de l'esprit d'ordre. Ce n'est point par raison qu'il y est porté, mais par goût. La raison peut bien fortifier ce penchant et en paroître la source; car y a-t-il rien de plus conforme à la raison que l'ordre. Le sentiment qui nous y porte est vif, constant, et se manifeste dans le plus grand nombre de circonstances de la vie; l'écriture doit donc en porter l'empreinte; c'est le caractère de celle du négociant. Aussi accorderoit-il peu de confiance, soit par instinct, soit par raison, à un commis dont l'écriture seroit déréglée, quoique lisible. Il n'est pas donné à tout le monde d'écrire d'une manière régulière. L'un, trop distrait, ne sait fixer long-tems son attention; l'autre se hâte trop, emporté par une vivacité naturelle, ou agité par l'émotion du moment; les uns par une inconstance qui fait le fond de leur caractère, changent souvent les proportions et les distances; d'autres enfin, par une disposition naturelle, ne peuvent pas bien diriger leurs mouvemens. On voit donc que l'amour de l'ordre doit coïncider avec plusieurs autres qualités, pour que la volonté d'écrire d'une manière régulière puisse se soutenir et avoir un plein effet.

Une écriture régulière peut présenter plusieurs modifications, dont la plus remarquable est l'uniformité. Il y a des traits qui doivent être invariables, parce qu'ils tiennent à la forme essentielle des lettres, mais il en est d'autres qu'on peut varier à volonté. Lorsqu'on voit que ceux-ci ont une forme déterminée et constante, et présentent toujours les mêmes dimensions, peut-on refuser de croire que cette uniformité ne soit en rapport avec une grande égalité dans le caractère? Il est inutile d'ajouter que ceci est pleinement confirmé par l'expérience.

Une écriture doit être lisible, c'est la première qualité requise. Un homme exact et soigneux peut-il manquer à observer cette règle indispensable? Il ne suffit pas d'aimer l'ordre. Si la symétrie règne dans l'écriture, l'œil peut être satisfait, mais l'esprit ne l'est pas, si les règles qui prescrivent la clarté ne sont pas suivies.

Un homme minutieux poussera l'observation de ces règles jusqu'à l'excès. Il n'omettra, ni trait, ni point, ni virgule. Et cette remarque est si généralement vraie, qu'elle a donné lieu à une expression proverbiale, pour désigner un homme de ce caractère.

On peut aimer le beau sans pouvoir l'imiter, et qui l'aime et sait l'imiter, ne le recherche pas toujours. Celui qui peint cherche à bien représenter la nature, parce que la beauté des formes, du coloris et de la composition, constitue l'excellence de l'art. Celui qui écrit, veut bien peindre sa pensée, mais elle est indépendante de la beauté des caractères qui la représentent. C'est pourquoi on la néglige souvent; mais lorsqu'on veut y atteindre, on n'y réussit pas toujours. Il faut pour cela un certain talent d'imitation, un goût et une aptitude dont tous ne sont pas doués; une application et un exercice que beaucoup de personnes regardent comme au-dessus de l'objet. Exceller à cet égard, suppose ou que la frivolité a dicté cette perte de tems, ou que la nécessité a fait cultiver un talent que l'on veut professer, ou dont on veut tirer parti. On reproche souvent un défaut contraire aux hommes de lettres et aux grands; on peut soupçonner qu'ils l'affectent quelquefois, mais il leur est plus naturel qu'on ne le croit. Les uns se laissent trop entraîner par leur imagination, les autres la cultivent trop peu; d'un côté, on attache en général trop peu d'importance aux formes extérieures, et de l'autre aux ornemens de l'esprit. Mais il est une écriture, qui sans être belle est agréable; elle n'est pas asservie aux règles de l'art, mais elle a une grâce, une élégance, et un je ne sais quoi dans les formes, qui prouvent qu'on ne les néglige point; qu'on a un goût qui n'est pas exclusif, puisqu'il s'étend à des choses auxquelles on n'attache pas une grande importance, et qu'on a l'esprit cultivé par une éducation libérale. Lorsqu'on écrit pour soi, on écrit avec plus d'abandon; mais l'homme de goût n'oublie pas ce qu'il se doit, lorsqu'il n'a d'autre juge que lui-même; ce qu'il fait il doit l'approuver, qu'il le voie seul, ou que d'autres le voient. On ne se pare que pour la société; mais alors qu'on n'en reçoit pas, le négligé ne doit pas être dénué de grâce et d'élégance. On écrit avec plus de soin en écrivant aux autres; et ce soin, soutenu dans toutes les occasions, indique le desir constant de plaire. Une écriture peut être plus ou moins ornée, mais pour peu que la recherche de ces ornemens se fasse remarquer, la vanité, l'affectation, la frivolité ou l'ostentation se décèlent.

La beauté n'est pas toujours compatible avec l'influence des passions violentes. Le chagrin profond flétrit, la colère défigure, les passions douces peuvent seules prêter des charmes. C'est pourquoi les anciens statuaires évitoient de représenter des mouvemens qui s'éloignoient trop de la limite de la modération. Un amant qui écrit à sa maîtresse, s'il est agité par un sentiment violent, le peindra, sans le vouloir, dans les traits irréguliers qu'il forme. S'il aime, et qu'il cherche à le persuader plus encore, il produira un beau désordre, par un effet de l'art. Qu'importe qu'on exagère, pourvu que l'on aime. Mais la lettre la plus passionnée, écrite à main posée, suffiroit pour détromper la personne la plus éprise, si quelque chose pouvoit la détromper.

L'Art se décèle toujours à celui qui a

bien observé la nature. On sait que la crainte rend les mouvemens mal assurés. Si quelqu'un en écrivant cherche à les imiter, on voit qu'il a tremblé d'une main trop ferme. S'il feint de se laisser emporter par la fougue des passions, on y découvrira quelque chose de forcé et d'apprêté, qui s'éloigne de l'abandon qu'il veut simuler. En effet, qu'on se rappelle la difficulté qu'il y a à contrefaire l'écriture d'un autre; la même difficulté subsiste lorsqu'on veut se contrefaire soi-même : on reconnoît bien l'homme, mais pas la passion.

On a dit d'une manière très générale, à la vérité, que le mouvement est la vie; aussi ne doit on pas s'étonner qu'il soit susceptible de nuances infinies. La vivacité suppose la rapidité des mouvemens; mais des mouvemens rapides ne prouvent pas toujours la vivacité du caractère. Qui écrit toujours à la hâte est pressé de finir, et s'il écrit vîte, c'est pour cesser plutôt le mouvement; comme on peut être laborieux par paresse, et travailler afin de pouvoir se reposer. Mais on reconnoît ce desir à l'imperfection du travail, et les lettres, pour ainsi dire ébauchées, indiquent qu'on n'aimoit pas la peine de les tracer.

Il est une autre impatience différente de celle qui naît de l'ennui du travail, et qui est marquée par une certaine pétulance dans les mouvemens. Lorsqu'elle est modérée, elle ne porte pas beaucoup sur la forme des lettres; cependant la main les a tracées pour ainsi dire par sauts et par bonds. Qui pourra croire que lorsqu'on écrit sous l'influence de la colère, l'esprit seul est affecté; que la main reste indifférente au trouble de l'ame : se contentera-t-elle d'y répondre seulement par sa rapidité, et tracera-t-elle avec légéreté ce qui est ressenti avec tant de force ? ou plutôt, partageant cette énergie, ne passera-t-elle pas les bornes prescrites, et les caractères n'auront-ils pas des dimensions et une rudesse particulière ?

Lorsque l'esprit, au contraire, est livré à la gaîté chez une personne qui y est naturellement portée, la main semble se jouer sur le papier. Les écarts qu'on se permet indiquent de l'abandon, mais non pas l'impulsion d'une passion. On peut se permettre certains ornemens, ils peuvent avoir de la grace, mais ils sont sans prétention ; ou si l'on n'a pas la main assez légère pour leur donner une tournure agréable, ils sont au moins exempts de rudesse. Lavater a donné dans son ouvrage un exemple de l'écriture d'un mélancolique flegmatique (1), et qui porte bien l'empreinte de ce caractère. En effet, il trace ses lettres avec lenteur et presqu'à regret; il ne se complaît pas à les former, on n'y voit pas de traits superflus; l'écriture est sans énergie, mais elle ne manque pas de délicatesse. La lenteur de la main, lorsque la marche de l'esprit ne la retarde pas, ne peut provenir que d'un défaut d'exercice, et par conséquent d'une certaine difficulté à former les caractères, ou d'un défaut de vivacité. Mais cette différence ne doit pas induire en erreur. La vivacité est bien le partage de l'enfance; mais cet âge écrit avec lenteur, et on y recon-

(1) *Voyez* planche 20.

noît facilement la main de l'inexpérience.

L'homme qui joint la lenteur à la force, paroît en écrivant tracer un pénible sillon. On ne peut nier que l'écriture ne porte l'empreinte de la force ; nous avons indiqué son influence dans les passions énergiques, et nous avons vu que c'est un caractère tranché qui distingue l'écriture de l'homme de celle de la femme. On ne s'étonnera donc pas qu'une écriture ferme et vive indique l'énergie. L'énergie n'est-elle pas l'union de la force et de la vivacité? mais il seroit ridicule de prétendre en juger l'étendue, il suffit qu'on puisse en reconnoître la trace. Il est une autre force qui consiste pour ainsi dire dans sa durée, je veux dire la persévérance ; car la constance a plutôt rapport à la durée des sentimens. Dans le premier cas, la main se soutient, dans le second elle ne varie pas les formes. L'inconstant peut ne pas se lasser d'écrire, mais il se lasse d'écrire de même.

Il est un caractère que l'on peut reconnoître à l'écriture, et qui s'allie difficilement avec la vivacité, c'est la douceur. On en trouvera souvent l'exemple dans l'écriture des femmes, ce n'est pas qu'on ne puisse s'y tromper. On en juge par l'absence des traits qui indiquent les qualités contraires, et par un certain moëlleux dans les formes. C'est ce que l'on peut bien observer dans l'écriture de Fénélon.

De la direction des passions naissent les vertus et les vices; mais quel rapport l'objet de nos passions peut-il avoir avec le sujet qui nous occupe; toute prétention à cet égard seroit vaine.

Mais on peut saisir certains rapporrts avec les facultés intellectuelles. Nous avons dit qu'en écrivant, la main suit le mouvement de la pensée. La première remarque que cette considération nous fournit, c'est que l'on peut découvrir si la personne qui écrit est susceptible d'une attention continue. Celui qui écrit sans erreur, fait preuve de la faculté de fixer son esprit; et cette preuve est d'une plus grande importance qu'elle ne le paroît d'abord. Bien des personnes dans tout le cours de leur vie, n'ont jamais su copier sans ratures, tellement elles étoient incapables de maîtriser leur attention.

Regnard, en traçant le portrait du distrait n'a pas manqué de le représenter sous ce point de vue, mais avec les traits qui conviennent à la scène comique.

Si l'on suppose au contraire un homme occupé d'un sujet qui exerce ou son imagination, ou son jugement, l'aisance et la rapidité avec laquelle il trace sa pensée, prouve la facilité avec laquelle il conçoit ; et ce n'est pas sans raison que Voltaire en parlant du Télémaque de Fénélon, admire la netteté du manuscrit dans lequel il se trouve si peu de ratures.

N.° 1.

J'aurois aussi besoin d'une suite de croquis vous n'y [illegible] qu'un trait sans accessoire[illegible]

N. 2.

Monsieur [illegible] [illegible] [illegible] [illegible] [illegible] pour avoir l'honneur de faire votre [illegible] je suis libraire &c

ÉCRITURES GRAVÉES.

N^os I et II.

IL suffit de jeter les yeux sur l'écriture du n° II, pour reconnoître le défaut absolu d'éducation.

Celle du n° I dénote une éducation moins négligée, mais qui est loin d'avoir été assez soignée.

N° III.

La frivolité la plus marquée est indiquée par cette recherche d'ornemens ridicules et multipliés. On ne seroit pas surpris d'apprendre que c'est l'écriture d'une personne qui devant choisir un état, a voulu être Libraire et tenir un cabinet de lecture, afin d'avoir l'occasion de lire des romans.

N° IV.

Il y a moins de frivolité que dans l'écriture précédente; de la gaîté, mais elle est sans grâce. Elle est d'un jeune homme qui ne manque pas de dispositions, mais dont le goût n'est pas cultivé.

N.º 3.

J'ai Reçu de Farel en Vingt-Onze que de 10 l'ane letard je solderai

N.º 4.

Amour Cruel Amour Tout doit céder à ton Empire Et Celui qui

N° 5.

Je regrette bien de ne pouvoir vous accompagner quelquefois dans vos courses de n'être près de vous dans le séjour des muses, nous y ferions mille observations autant agréables qu'utiles.

N° 6.

je ~~suis~~ vous suis infiniment obligée Monsieur du souvenir que vous me marquez et de l'inter

N° V.

Écriture de femme, qui indique une grande égalité dans le caractère, l'amour de l'ordre et beaucoup de douceur.

N° VI.

C'est l'écriture d'une dame qui avoit l'esprit cultivé, mais qui manquoit d'ordre et qui ne sacrifioit pas assez aux grâces.

N° VII.

On reconnoît ici la main d'une dame très-exercée à écrire, de beaucoup de goût, et qui compose avec facilité (1).

---

(1) Madame de Genlis.

N.° 7.

Enigme

Fière de mon pouvoir
humble dans mon emploi;
J'ai vu souvent s'abbaisser
dévant-moi,
Des plus grands souverains
la Majesté suprême
Néanmoins au milieu de
ma prospérité
Sous le sein de ma gloire
même
On me traite toujours
avec indignité!

N° 8

envoyer le génie les martyrs et l'Univers

à ma D... avec la lettre

ci-jointe.

N° 9.

D: l'attribut particulier de quantité placé devant un nom individuel modifie un nom commun sous-entendu : le Rhône, le fleuve Rhône,

N° 10.

Tout le reste de ma lettre ne sera plus qu'une suite de Questions, puisque je &c

N°s VIII et IX.

Il est évident que les écritures des n°s VIII et IX sont celles d'hommes doués d'un esprit différent.

La première annonce un caractère plein de vivacité ; elle porte l'empreinte d'une imagination vive, hardie et originale, qui en même tems qu'elle s'occupe de grandes idées, ne néglige point les détails ; celle enfin de l'*auteur des Martyrs.*

La seconde, au contraire, indique un esprit dénué d'imagination, occupé d'abstractions et de détails minutieux ; en un mot, celui d'un grammairien.

N° X.

Cette écriture est celle d'une dame qui se distingue par un esprit aimable et cultivé. On y remarque de l'exactitude sans minutie, et le desir de plaire sans coquetterie.

N° XI.

La plupart des écritures des hommes célèbres du tems de Louis XIV, sont remarquables par la dimension des lettres. (*Voyez* plus haut); mais aucune ne porte plus l'empreinte de la grandeur et de la noblesse, que celle du personnage illustre qui semble avoir imprimé ce caractère à son siècle. (Écriture de Louis XIV.)

N°. 11.

an vhance

elic nonce

conernan8

man8oue

[illegible]

N.° 12.

Vostre bien Affectionée

Elizabeth

N.° 13.

your oun feithful

frindeand Cusignes

Marie R

Nos XII et XIII.

Qui croiroit que ces écritures sont de la même époque ? La première dénote la roideur et l'ostentation; la seconde indique la simplicité, la douceur et la noblesse.

L'une est d'Élisabeth, reine d'Angleterre; l'autre est de sa cousine, Marie Stuart. La différence de ces deux écritures répond évidemment à celle des caractères.

N°s XIV et XV.

Ces deux numéros nous offrent les écritures de deux femmes célèbres du siècle de Louis XIV.

Il y a dans la première, plus de simplicité, de force et de dignité.

Dans la seconde, où il faut remarquer que les lettres trop grêles dépendent en partie de la plume, et ne produisent à cet égard qu'une modification accidentelle, on reconnoît beaucoup plus de légéreté, de facilité, de grâce et d'abandon. Ces traits distinguent bien Madame de Maintenon et Madame de Sévigné.

N°. 14.

Madame la Princesse m'a donné ses ordres et je les ai executtés

N°. 15.

Je voulez être vous
faire quelque plaisir.
Comme vous voulez
me flatter quelquefois

N° 16.

a Emden ce 15. 20 Juin 1759

Je vois bien mon Cher Sacrips[...]
que Vous Conservez le Caract[...]
=res d'ambassadeur a etamp[...]
il faut bien que ce Carac[...]
=tere soit indelibile Vou[...]
avez des espions chez moy.
vous savez ce queje fais
et Vous formez des preten=
=tions sur mes ouvrages

N° XVI.

On voit que la main qui a tracé ces écritures, s'est jouée en écrivant; mais ces traits qui l'indiquent, ne nous représentent pas un aimable enjouement. Ils offrent en même tems une force, une dureté et un caractère d'emportement qui ne devoit pas inspirer la sécurité, même dans des momens de gaîté; et l'on sait que les plaisanteries du grand *Frédéric*, n'étoient pas sans amertume.

N° XVII.

Il est rare que les hommes de lettres aient une aussi belle écriture ; mais c'est celle d'un homme qui excelloit dans tout ce qu'il faisoit. Elle indique de la fermeté et de la hardiesse, mais aussi une légèreté, une facilité et une grâce particulière. On y voit de la gaîté et de l'enjouement ; mais dans lesquelles on ne se permet pas d'écart. C'est l'écriture de *Voltaire*.

N.° 17.

Monseigneur

faudra til que le pauvre Voltaire ne vous ait d'autres obligations que de l'avoir corrigé par une année de Bas-tille.

N.° 18.

Paroles de Desportes

Douces brébis mes fidelles
compagnes,
Vergers, buissons, forets, près,
et montagnes
Soyez temoins de mon
contentement.
Et vous, ô Dieux! faites, je
vous supplie,
Que cependant que durera
ma vie
Je ne connoisse un autre
changement.

N° XVIII.

On reconnoît à la forme des lettres et au genre de liaisons, que l'auteur ne composait pas avec rapidité (*). Cependant on y remarque une lenteur et un soin si particulier, qu'on est porté à croire, lorsqu'on lit ses vers, que la main qui les a copiés s'arrêtoit avec complaisance sur les images douces, qui plaisent tant à ceux qui aiment à contempler *la Nature*.

(*) *J. J. Rousseau.*

N°s XIX et XX.

On doit s'attendre à trouver dans l'écriture de *Boileau* et de *Racine*, de la fermeté et une grande simplicité ; dans celle du premier, une roideur correspondante à la sévérité de son esprit et une lenteur qui indique celle avec laquelle il composoit ; dans l'écriture de Racine, de l'élégance, de la facilité et de la noblesse. C'est ce qu'on peut reconnoître dans ces deux exemples.

N.° 19.

a Pons Tudiantom

Croiez quil n'y a persomme qui vous aime plus sincerement ni par plus de raisons que moi

N.° 20.

Comme j'estois fort interromp u hier en vous escrivant je fis vne grosse faute dans ma lettre

N°. 21.

nos armes en un renfr
de plus de trois mi
deux hommes et une
grande quantité de fu

N°. 22.

La plus grande
voie que ait a mon
retour en France en
l'espérance que ...

N° XXI.

C'est une écriture italienne, mais elle a un caractère particulier. On voit qu'elle est tracée par la main d'un homme dur, impérieux et doué d'une grande persévérance (1).

N° XXII.

Quoique cette écriture ne soit pas italienne, elle en a la souplesse, mais elle indique un esprit très-inconstant (2).

---

(1) Le Cardinal *Mazarin*.

(2) Le Cardinal de *Retz*.

N° XXIII.

Il y a dans les n° 23, 25 et 27, des traits qui leur sont communs, et qui dénotent l'ordre, la clarté, la précision et la simplicité. Ces écritures sont de trois philosophes célèbres. La première, qui est de *Franklin*, annonce la douceur, l'aménité, le calme, et une certaine délicatesse dans le goût, qui est en rapport avec la disposition qu'il a montrée dans sa jeunesse, pour la poésie.

N° XXIV.

Il n'y a point dans cette écriture italienne, de ces traits durs et tortueux qui caractérisent celle du n° XXI, où l'on voit que l'impatience a précipité la main; mais ici on remarque une imagination vive et féconde, capable de dicter des vers avec la même facilité que la main les traceroit.

Nº 23.

I received duly the elegant Present of your Poetical Works. I thank you much for the

Nº 24.

La vostra gentma de' 16 cominincia per me desolante, ma poi termina con molto incorsolarmi

N°. 25.

Le Roi de Prusse m'a écri
après la mort de Mr. Thie
il y a 3 ou 4 ans, qu'il ne
prendroit plus de corrigem

N°. 26.

Il n'est pas question
aura du temps
pour le necessaire

N° XXV.

D'*Alembert* étoit âgé lorsqu'il écrivit cette lettre, mais les ans n'avoient pas affoibli ses facultés intellectuelles. On y reconnoît bien les caractères généraux indiqués au n° XXIII. La sécheresse de cette écriture ne dénote nullement l'imagination, et on n'y voit pas la douceur que l'on remarque dans celle de Franklin. On conçoit pourquoi les nombres sont ici en chiffres au lieu d'être en toutes lettres. C'est un Mathématicien qui écrit.

N° XXVI.

Cette écriture ne ressemble point à celle d'un homme de lettres. En la comparant au n° XI, on voit bien qu'elle est de la même époque, et l'on est frappé de la conformité de certains traits. Il y a dans les deux un caractère remarquable de grandeur. Celle-ci dénote moins de noblesse, mais plus d'énergie et d'originalité (1).

---

(1) Écriture du Maréchal de *Luxembourg*.

N° 27.

Les arts se divisent en deux classes : l'une comprend tous les beaux arts, et l'autre tous les arts mécaniques.

N° 28.

~~[illegible]~~
[illegible]
[illegible]
[illegible]

N° XXVII.

La clarté et la méthode se peignent dans cette écriture de *Condillac*.

N° XXVIII.

Cette écriture presqu'illisible, et tracée avec la plus grande rapidité, n'indique point l'impatience d'un homme qui est pressé de finir, mais la vivacité d'un esprit plus rapide que la plume. Il est évident d'ailleurs qu'elle offre une grande originalité ; aussi est-elle de l'homme le plus original et le plus profond qui ait jamais existé ; on voit bien qu'il s'agit de *Pascal*.

N° XXIX.

On trouve dans cette écriture un trait commun avec la précédente ; c'est l'originalité, mais qui tient ici plutôt de la grandeur des pensées, que de leur profondeur. Qui ne reconnoîtroit la trace d'une imagination impétueuse et supérieure aux règles. Il suffit de jeter les yeux sur cette écriture et sur la suivante, pour distinguer celle de *Bossuet* et celle de *Fénélon*.

N.° 29.

Si ce frenslalibert é

le démander avec

touteliustance

possible aual

lhameur de la

Inectrein pou leur

Ce l'zeur dent delynory

N°. 30.

Les Dieux superieurs cachent

inferieurs tout ce qu'il leur plait

et Minerve qui acc

Telemaque sous la figure de

N°. 31.

de ton amour et de ta crainte
Le cœur à jamais pénétré
Sera fidele a ta loi Sainte,
Et mon triomphe est assuré.
l'Impie aux traits de ta justice
Croit échapper, mais le Supplice
tôt ou tard atteint les pécheurs

(1) N° XXX.

Cette écriture de *Fénelon* contraste d'une manière remarquable avec la précédente. Ici se peignent, la douceur, la facilité, la grâce. On n'y voit point d'écart; tout dénote une imagination féconde, mais dont les idées ne se suivent pas avec tant de rapidité.

N° XXXI.

On conserve à la Bibliothèque Impériale, une ode manuscrite, qu'on croit être du grand *Racine*, et dont nous présentons ici un exemple; il suffit de comparer cette écriture avec le n° XX, tiré de la correspondance de *Racine*, pour voir que celle-ci ne peut être de cet homme célèbre. On n'y retrouve point la facilité, la noblesse, et même l'énergie qui caractérisent l'écriture de ce grand poëte.

N° XXXII (1).

Autographe d'un flegmatique, mélan colique, susceptible de délicatesse et d sensibilité, mais dépourvu de cette espèc d'énergie qui est fondée sur la sérénité l'esprit. Je doute que l'amour de l'ordre e de la propreté puisse avoir des attraits pou lui. Dévot, mélancolique; il sera c ciencieux jusqu'au scrupule.

---

(1) Cet exemple et les suivans sont extraits grand Ouvrage de Lavater.

N°. 32.

Dans un endroit solitaire, separé de tout le monde, bordé des montagnes affreuses et peuplées des bêtes les plus feroces, jugés quel plaisir votre correspondance me feroit. Le temps où je n'ai plus de vos nouvelles me paroit si long, que je vous prie de m'en donner surtout de votre vie litteraire. La situation de Bonmont où je suis depuis presque deux mois

N°. 33.

J'ai l'honneur de souhaiter
le bonjour a Monsieur...
et de le prier de la bonne ami[tié]
d'un homme qui lui est
devoué. Je n'ai pu voir
son ami a Berne. j'ai
fait des courses.............
enfin ce je me suis repo[sé]
ici auprès de l'estimable
mr Iselin. je n'ai point
trouvé de portraits a envoy[er]
a mr Lavater

N° XXXIII.

Dans cette écriture-ci, il y a bien plus de vie et de chaleur que dans la première (numéro XXXII). Elle peint l'homme de goût. Tout y est plus lié, plus suivi, plus énergique et plus ferme. Je suis sûr néanmoins qu'elle fournit les indices d'un esprit très-flegmatique, qui se plie difficilement à beaucoup d'exactitude et de précision. Elle suppose un observateur intelligent et rempli de toute sorte de talens, mais auquel je ne donne que peu d'aptitude pour les Arts.

N°s XXXIV à XLIII.

De toutes ces mains le n° XLIII annonce le moins de vivacité. Le n° XXXIX promet beaucoup d'ordre, de précision et de goût. Dans le n° XLI il y a plus de précision encore et plus de fermeté, mais peut-être moins d'esprit.

Le n° XXXV laisse entrevoir un caractère léger, incertain et flottant.

Le n° XXXIV, du feu et des caprices.

Le n° XL de la finesse et du goût.

Le n° XXXVI de l'activité et de la pénétration.

Le n° XXXVIII porte l'empreinte du génie, et bien plus encore le n° XLII.

N°. 34.

A Monsieur
Lavater

N°. 35.

A Monsieur
Lavater M. du
St Ev: et Diacre de
L'Eglise de St
Pierre

N°. 36.

Monsieur Lavater
Ministre du St. Evangile

N°. 37.

A Monsieur
Lavater. Ministre

N°. 38.

A Monsieur
Lavater Ministre

N° 39

A Monsieur

Lavater

N°. 40.

A Monsieur Lavater

Ministre du S. Evangile

N°. 41.

A Monsieur J. C.

Lavater

N°. 42.

Monsieur Jean Caspar Lavater Diacre

N°. 43.

A Monsieur Lavatre Diacre

www.ingramcontent.com/pod-product-compliance
Lightning Source LLC
Chambersburg PA
CBHW061401060726
47597CB00003B/939